- En cadeau -

LA VERSION AUDIO DU LIVRE

COMMENT ÇA MARCHE ?

1

Téléchargez l'app
Quelle Histoire

2

Déverrouillez
votre livre

3

Écoutez
votre histoire

Disponible sur App Store

DISPONIBLE SUR Google Play

Application compatible toutes tablettes et smartphones
à partir de iOS 8 et Android 4.4.

Quelle Histoire

Édition et conception : Unique Heritage Editions SAS. 22, Villa de Lourcine 75014 Paris
Illustrations : Bruno Wennagel, Mathieu Ferret, Nuno Alves Rodrigues, Guillaume Biasse, Mathilde Tuffin, Sitron, Paul Cotoni, Claire Martin, Aurélien Fernandez, Antoine Dorey
Textes : Clémentine V. Baron, Patricia Crété
Edition : Leslie-Fleur Picardat
Direction artistique : Kagna Toung
Maquette : Marie Colas

Siège social : 6, Villa de Lourcine 75014 Paris

www.quellehistoire.com

Fabriqué par Labelfab / Imprimé en France par Stin Imprimerie - Toulouse

Dépôt légal novembre 2020

Loi n°49-956 du 16 juillet 1949 sur les publications destinées à la jeunesse

PEFC 10-31-2841

FABRIQUÉ EN FRANCE

LES ROIS DE FRANCE

Sommaire

Clovis

466-511

Les barbares

Au Ve siècle après J.-C., la Gaule fait encore partie de l'Empire romain, mais plus pour longtemps ! Petit à petit, des tribus barbares s'emparent du territoire. L'une d'elles, basée sur l'actuelle Belgique, est la tribu des Francs saliens. Ils sont alliés aux Romains et se battent pour eux. Leur roi Childéric Ier meurt en 481, et son fils Clovis – à 15 ans à peine – lui succède. Il n'a pas peur. Depuis tout petit il a appris l'art de la guerre et le maniement des armes.

466 - 481

Les premières conquêtes

Clovis est à la tête d'une armée petite, mais très bien entraînée ! Il veut étendre son territoire vers le sud-ouest. Pour se donner plus de chance, il demande aux autres chefs francs de le suivre au combat. Certains acceptent, d'autres non. À Soissons, ils attaquent le royaume du général romain Syagrius, et c'est la victoire ! Peu après, Clovis fait assassiner les chefs francs qui n'ont pas voulu l'aider, ainsi que ceux qui ont soutenu le général romain... Ce n'est pas très gentil, mais c'est comme ça qu'on faisait de la politique à l'époque !

486

Le vase de Soissons

Après la bataille de Soissons, le butin est partagé équitablement entre tous les soldats. C'est la tradition ! Il y a parmi ces richesses un vase magnifique que Clovis décide d'offrir à Remi, l'évêque de Reims. Un soldat, furieux qu'on prenne une partie du trésor, sort du rang et abat sa francisque (une sorte de hache) sur le vase. Clovis reste calme, mais un an plus tard en recroisant le même soldat, il lui donne un grand coup d'épée sur la tête :

« Souviens-toi du vase de Soissons ! »

486 - 487

La reine Clotilde

Quand on devient roi, l'art de gouverner passe par la guerre, mais aussi par des alliances matrimoniales, c'est-à-dire des mariages arrangés. Clovis, à ce moment de son règne, cherche à se rapprocher du royaume burgonde (qui donnera son nom à la Bourgogne). Il épouse donc une princesse de cette région : la belle Clotilde. Cependant, Clovis est païen, c'est-à-dire qu'il ne croit pas au dieu des chrétiens, tandis que sa nouvelle femme, elle, y croit. Elle cherche à le convertir, mais tout d'abord, il refuse.

493

La bataille de Tolbiac

S'il ne veut pas se convertir, Clovis respecte l'Église des chrétiens. Il comprend aussi qu'il sera encore plus puissant s'il a le soutien des chefs religieux. Il se porte donc garant de la protection des évêques et écoute leurs conseils. En 496, Clovis part en guerre contre les Alamans. La bataille de Tolbiac s'annonce mal, car il a beaucoup moins de soldats qu'Alaric II, son ennemi. Il fait alors appel au dieu de son épouse et promet de se convertir s'il lui accorde la victoire. Miracle ou chance… Il gagne cette bataille !

496

Le baptême de Clovis

Clovis va tenir sa promesse… Le 25 décembre 498 ou 499, il est baptisé par l'évêque Remi dans la cathédrale de Reims, avec 3 000 de ses guerriers. Par cette cérémonie, il devient chrétien. On raconte que ce jour-là, une colombe blanche (symbole de l'Esprit saint) est apparue dans l'église ! C'est un épisode important de l'histoire de France, car il est le premier roi à se faire baptiser. Par la suite, presque tous les monarques français seront sacrés à Reims pour lui rendre hommage.

498

Les grandes conquêtes

Le roi des Francs ne s'arrête pas là. Après les Alamans, il conquiert le royaume burgonde en 500, puis sept ans plus tard, il tue de ses propres mains le roi des Wisigoths, Alaric II, pendant la bataille de Vouillé. Cette victoire lui vaut tous les honneurs. En visite à Tours l'année suivante, il est porté en triomphe par la foule à travers toute la ville ! Peu de temps après, il reçoit même les hommages d'Anastase Ier, qui règne sur le grand Empire byzantin.

500 - 508

Une nouvelle capitale

Dans son royaume, Clovis mène une politique d'unification. Il utilise la force, n'hésitant pas à faire assassiner ses opposants dès qu'il en a l'occasion, mais aussi le droit. En mettant en place la loi salique, qui punit le vol et la violence, mais qui exclut les femmes du pouvoir, il parvient à faire régner la paix. Il encourage également les mariages entre les hommes et les femmes des différents peuples conquis. Ainsi, il crée un pays unifié, dont il fait de Paris la capitale. Un pays que l'on appellera bientôt… la France !

508

Le concile d'Orléans

Vers la fin de sa vie, Clovis convoque tous les évêques de son royaume dans la ville d'Orléans pour un concile, c'est-à-dire une grande réunion. C'est la première fois qu'un roi franc fait appel aux représentants de l'Église pour participer à des décisions politiques, tout autant que religieuses. Ils sont 32 et discutent pendant plusieurs jours des problèmes du royaume et de la vie de l'Église. Par le biais de cet événement, Clovis met en place la tradition de collaboration entre l'Église et l'État pour gouverner. Ce sera la règle en France jusqu'en 1905 !

Juillet 511

Un grand héritage

À la fin de l'année 511, le roi des Francs meurt probablement d'une maladie. Il est enterré dans un magnifique mausolée (un tombeau) qu'il a fait bâtir à Paris. Son royaume est partagé entre ses enfants. Génération après génération, ses successeurs sur le trône fondent la dynastie des Mérovingiens, du nom du grand-père de Clovis : Mérovée. Ils règnent pendant près de deux siècles avant d'être remplacés par les Carolingiens. Bien plus tard, de nombreux rois de France porteront le prénom « Louis » en hommage à Clovis, dont c'est l'orthographe modernisée.

Novembre 511

Vers **466** Naissance de Clovis dans la région de Tournai.

476 Chute de l'Empire romain.

481 Début du règne de Clovis.

486 Bataille de Soissons.

487 Épisode du vase de Soissons.

491 Guerre contre les Francs de Thuringe.

493 Mariage avec la princesse burgonde, Clotilde.

465

496
Bataille de Tolbiac.

498 ou 499
Baptême à Reims.

Vers 500
Clovis met en place la loi salique.

506
Parution du *Bréviaire d'Alaric.*

507
Bataille de Vouillé et mort d'Alaric II.

508
Clovis fait de Paris sa capitale.

511
Premier concile d'Orléans, le 10 juillet.

511
Mort de Clovis, le 27 novembre.

520

Les portraits

Childéric Ier

(vers 436-481)

Le père de Clovis règne sur les Francs saliens de 457 jusqu'à sa mort. C'est un allié important des Romains, il les aide notamment à repousser les Wisigoths.

Clotilde

(vers 475-545)

La belle princesse burgonde est mariée à Clovis en 493. Elle devient reine des Francs et joue un grand rôle dans la christianisation de ce peuple… et de leur roi !

Remi

(vers 440-vers 533)

Le futur saint Remi naît dans une riche famille gallo-romaine. Il n'a qu'une vingtaine d'années lorsqu'il devient évêque de Reims. C'est lui qui baptise Clovis en 498 ou 499.

Alaric II

(règne 484-507)

Roi des Wisigoths, il est connu pour avoir écrit un texte de loi : *Le Bréviaire d'Alaric*. Il meurt à la bataille de Vouillé, tué par Clovis.

Charlemagne

748-814

Le sacre de Pépin

Depuis la chute de l'Empire romain d'Occident, les Francs occupent le nord de la Gaule. Clovis, leur chef, a donné naissance à une lignée de rois : les Mérovingiens. Mais en 751, son descendant Childéric III perd le contrôle de son royaume... Cette faiblesse marque la fin de la dynastie puisqu'il est remplacé par un brave guerrier, Pépin le Bref, qui est sacré roi des Francs par le pape trois ans plus tard, à l'abbaye de Saint-Denis. Au premier rang, ses fils Charles et Carloman, observent la scène. Bientôt, ils seront appelés à régner...

754

Un jeune roi vigoureux

En 768, Pépin meurt. Comme le veut la tradition, le royaume doit être partagé entre ses fils. Les deux frères vont-ils se faire la guerre, chacun voulant peut-être accaparer les possessions de l'autre ? Mais il n'en est rien ! Et coup du sort : Carloman meurt après trois ans de règne, donnant à Charles l'occasion de devenir le seul maître du royaume. Le jeune roi est une véritable force de la nature, il aime autant la chasse que la guerre et sait se faire respecter par son entourage.

768

Contre les Saxons

Charles rêve de soumettre les Saxons, un peuple qui habite au cœur de l'Allemagne actuelle. Le jeune roi veut convertir au christianisme ces païens qui adorent de nombreux dieux. En 772, il fait détruire leur arbre sacré, l'Irminsul, pour leur montrer que leurs dieux sont incapables de les protéger. La guerre contre les Saxons va durer près de 30 ans, au cours desquels les révoltes et les capitulations vont se succéder... Il faudra attendre 804 pour que la Saxe se soumette définitivement au royaume franc.

772

Le roi des Lombards

En 773, Charles reçoit un appel à l'aide du pape Adrien Ier. Les Lombards, un peuple barbare installé au nord de l'Italie, menacent d'attaquer Rome, la capitale de l'État du pape. Charles n'hésite pas : avec son armée, il traverse les Alpes et assiège Pavie, la capitale lombarde. Après plusieurs mois de siège, le roi Didier, à bout de force, se rend. Charles se fait alors couronner roi des Lombards. Remporter la victoire contre ce peuple renforce la grandeur et la réputation de Charles.

774

Le siège de Saragosse

Charles rêve maintenant d'autres conquêtes… En 778, il se tourne vers l'Espagne, une région dirigée depuis 711 par les Maures, un peuple musulman. Épaulé par un chef musulman qui lui a proposé une alliance, Charles lance une grande expédition… Avec son armée, il franchit les Pyrénées et enchaîne les victoires à Pampelune, Gérone et Barcelone. Mais tout ne se passe pas comme prévu, car une ville résiste : Saragosse. Après un siège sous un soleil brûlant, les Francs finissent par lever le camp.

778

Roncevaux

Épuisés par les batailles et l'échec de Saragosse, Charles et ses soldats se mettent en route pour rentrer en France. Mais lorsqu'ils passent les Pyrénées, l'arrière-garde est prise en embuscade par des guerriers basques. Flèches, pierres, troncs d'arbres, c'est une pluie de projectiles qui s'abat sur les troupes ! Roland, le chef de l'arrière-garde, tente d'appeler le reste de l'armée au secours. Il souffle très fort dans son cor, mais personne ne l'entend... Roland et ses hommes sont massacrés au col de Roncevaux. Charles, très marqué par cet événement, s'en remettra difficilement.

778

Aix-la-Chapelle

Charles décide de se faire construire un superbe palais à Aix-la-Chapelle, la région où ont vécu ses ancêtres. Grâce au butin accumulé lors de ses victoires, il peut faire venir les plus nobles matériaux, comme du marbre d'Italie, et engager les plus grands artisans et architectes. Terminé en 798, le palais est admiré de tous ! Dans sa chapelle privée, Charles fait installer un trône en hauteur, pour symboliser sa place entre les hommes et Dieu. Il est alors appelé « Charlemagne » (Carolus Magnus en latin), qui signifie « Charles le Grand ».

798

L'empereur d'Occident

À la fin des années 790, Charles contrôle une grande partie de l'Europe, ce que personne n'a réussi à faire depuis la chute de l'Empire romain. Le pape Léon III propose alors de le sacrer empereur d'Occident, ce qu'il accepte volontiers. La cérémonie a lieu le jour de Noël 800. Les relations que Charles entretient avec les plus grands souverains du monde confirment sa puissance. En 802, il reçoit même un éléphant blanc de la part du calife Haroun al-Rachid, qui règne sur la lointaine Bagdad !

800

La renaissance carolingienne

Bien qu'il ne soit pas très doué pour l'écriture et la lecture, Charlemagne s'entoure d'hommes de lettres, de poètes et d'artistes. Toute sa vie, il va encourager l'instruction. C'est d'ailleurs sous son règne qu'on invente la « caroline », une écriture qui permet d'aller plus vite dans la rédaction des manuscrits. S'il n'a pas inventé l'école, Charlemagne a en revanche tout fait pour arracher le clergé et le peuple à son ignorance. Il sait en effet que pour diriger son vaste empire, il a besoin d'hommes instruits.

800 - 814

Un empire fragile

En 810 et 811, Charles perd ses deux fils aînés qu'il aimait beaucoup… Le coup est rude pour ce roi vieillissant ! De plus, les troubles se multiplient : les Vikings venus du nord ravagent son empire. Mais il fait face jusqu'au bout avec détermination. Il meurt en 814, après 45 ans de règne, laissant son trône à son dernier fils, Louis « le Pieux », qu'il n'apprécie pas. Louis doit faire face à d'immenses défis et, à sa mort en 840, il laissera un empire divisé entre ses fils. C'en est fini du rêve de Charlemagne.

814

745

Vers **748**
Naissance de Charlemagne, vers le 2 avril, mais sans exactitude.

768
Mort de Pépin le Bref.

770
Apparition de la caroline. Cette écriture minuscule tient son nom du roi.

771
À la mort de Carloman, Charles est le seul maître du royaume.

772
Destruction de l'Irminsul, l'arbre sacré des Saxons.

774
Prise de Pavie. Charles est couronné roi des Lombards.

778
Échec du siège Saragosse, en Espagne.

778
Naissance de Louis le Pieux, fils de Charles et futur roi des Francs.

799
Premiers raids vikings en France.

802
Le calife de Bagdad offre à Charles un éléphant blanc pour fêter son sacre.

814
Mort de Charlemagne au palais d'Aix-la-Chapelle le 28 janvier.

815

778
Embuscade de Roncevaux Le chevalier Roland trouve la mort.

798
La construction du palais d'Aix-la-Chapelle est terminée.

800
Sacre de Charlemagne à Rome, le 25 décembre.

804
Soumission des Saxons après des années de guerre.

Charles Martel

(vers 688-741)

Grand-père de Charlemagne, il devient maire du palais. Et il est si puissant qu'il dirige le royaume franc à la place du roi. Il est connu pour avoir arrêté les Arabes à Poitiers en 732 et pour avoir réussi à réformer l'armée.

Childéric III

(vers 714-755)

Dernier roi mérovingien, il fait partie des « rois fainéants » qui ont conduit à la chute de la dynastie. Faible et sans autorité, il est remplacé par Pépin le Bref en 751. Il est ensuite tonsuré et enfermé dans un monastère.

Pépin le Bref

(vers 714-768)

Père de Charlemagne et premier roi de la dynastie carolingienne, il profite de la faiblesse de Childéric III pour s'emparer du trône. Il se lance ensuite à la conquête de l'Aquitaine et de la Lombardie.

Roland

(738-778)

Ce chevalier participe à l'expédition d'Espagne en 778. Lors du retour, il est chargé de diriger l'arrière-garde. Mais il tombe dans une embuscade et est massacré au col de Roncevaux dans les Pyrénées.

Saint Louis

1214-1270

L'enfance d'un prince

Louis naît à Poissy le 25 avril 1214. Il est baptisé peu après dans la collégiale Notre-Dame. Fidèle à sa ville natale, il signera plus tard ses lettres officielles du nom de « Louis de Poissy ». Le jeune garçon passe beaucoup de temps avec son grand-père Philippe Auguste, qui dirige alors le royaume de France. Ses parents, le futur Louis VIII et Blanche de Castille, veillent à ce qu'il reçoive une excellente éducation, morale et religieuse, pour qu'il puisse un jour prendre place sur le trône.

1214 - 1226

Le sacre de l'enfant roi

Son père, Louis VIII, meurt jeune… Le 29 novembre 1226, c'est un jeune héritier de 12 ans à peine qui pénètre dans la cathédrale Notre-Dame de Reims pour y être sacré roi. Sur le chemin, il a été adoubé, c'est-à-dire qu'il a été fait chevalier : il s'est engagé à faire respecter la justice, aimer son pays et défendre l'Église, ce qui est important à l'époque. Devant les évêques, le jeune Louis prête serment, est frotté avec une huile sainte puis reçoit les insignes royaux : le sceptre, la couronne et l'épée. Il prend alors le nom de Louis IX.

1226

Le pouvoir d'une mère

Étant bien trop jeune pour gouverner, sa mère, Blanche de Castille, va régner à sa place... Mais cette situation ne plaît pas aux nobles, qui se révoltent à plusieurs reprises ! En grandissant, Louis IX se montre un excellent roi-chevalier quand il faut guerroyer, si bien qu'il rallie les révoltés. En 1234, le jeune homme épouse Marguerite de Provence. Leur mariage sera une réussite puisqu'ils auront 11 enfants ! La même année, il est reconnu majeur et, deux ans plus tard, dirige seul le royaume.

1226 - 1236

Un roi très chrétien

Louis est très pieux : il passe des nuits entières à prier, il jeûne et va même laver les pieds des pauvres. Dans sa grande dévotion, il achète les reliques de la crucifixion de Jésus, comme la couronne d'épines ou un morceau de la croix. Pour les abriter, il fait construire la Sainte-Chapelle, à Paris. Mais Louis se montre aussi très dur avec ceux qui ne sont pas chrétiens. Ainsi en 1244, à Montségur, il ordonne l'attaque du château, où résistent les derniers cathares, et les force à se convertir.

1244

Le roi croisé

Poursuivant son engagement religieux, Louis IX embarque le 25 août 1248 à Aigues-Mortes pour la septième croisade, avec près de 25 000 hommes. Le royaume est alors confié à sa mère. En 1249, il connaît sa première victoire à Damiette, en Égypte. Mais l'année suivante, les croisés sont vaincus par les guerriers mamelouks. Le roi est fait prisonnier, puis libéré contre une forte rançon. En 1252, quand Blanche de Castille meurt, il doit rentrer en France. Après un long voyage, il arrive à Paris en 1254.

1248 - 1254

Le roi de justice

Au pied d'un chêne du bois de Vincennes, non loin du château, le roi rend la justice, l'été, après la messe. « Tous ceux qui avaient affaire venaient lui parler… », raconte un témoin. Louis passe plusieurs heures à écouter les plaintes de ses sujets. Il met aussi en place des enquêteurs royaux pour faire respecter les lois et protéger les femmes. En 1256, il généralise la Grande Ordonnance, obligeant tous les représentants du roi à rendre une justice équitable, ce qui est très nouveau à l'époque.

1256

Le roi bâtisseur et organisateur

Louis IX est également un bâtisseur... En 1257, il fonde le collège de la Sorbonne pour les étudiants pauvres. Plus tard, il construit plusieurs hospices pour les malades, comme les Quinze-Vingts ou l'Hôtel-Dieu à Paris. On lui doit aussi la fortification du port d'Aigues-Mortes. Sous son règne, le royaume est entièrement réorganisé : il crée le Parlement pour discuter des lois et met en place la première monnaie unique. Malgré toutes ces dépenses, le royaume de France est le plus riche d'Europe !

1257

L'arbitre de l'Europe

Louis IX utilise tour à tour la guerre et la diplomatie pour pacifier l'Europe et agrandir son royaume. Le traité de Paris, en 1259, instaure la paix entre la France et l'Angleterre, qui renonce définitivement à la Normandie, la Touraine, l'Anjou, le Poitou et le Maine. Par son mariage avec Marguerite de Provence, le roi rattache également à la France plusieurs territoires. Tous ces agrandissements font de la France l'État le plus peuplé d'Europe.

1259

La mort du roi

Voulant convertir au christianisme le sultan de Tunis, Louis IX s'engage pour la huitième croisade en 1270. Avant de partir, il se rend à l'abbaye de Saint-Denis chercher le bâton traditionnel de pèlerin et l'oriflamme, un étendard rouge et or. Sur place, les croisés ont l'avantage, mais ils sont bientôt victimes d'une terrible épidémie de typhus. Le roi tombe malade et meurt à Tunis le 25 août 1270. Son corps est ramené en France par son fils, le nouveau roi, et ses funérailles se déroulent à Saint-Denis, l'année suivante.

1270

La canonisation

De son vivant, on raconte déjà que Louis IX fait des miracles en guérissant les écrouelles (des plaies dues à une maladie infectieuse). Après sa mort, les miracles continuent sur le passage de son cercueil. On demande donc la canonisation du roi, c'est-à-dire qu'il soit reconnu « saint » par l'Église catholique. Les enquêtes religieuses sont longues. Finalement, le 11 août 1297, le pape Boniface VIII officialise la canonisation de Louis IX qui sera dorénavant connu sous le nom de « Saint Louis de France ».

1297

1200

1214
Naissance de Louis IX à Poissy, le 25 avril.

1226
Sacre de Louis IX dans la cathédrale de Reims, le 29 novembre.

1228
Louis IX doit faire face à la révolte des barons.

1234
Mariage de Louis IX et Marguerite de Provence à Sens, le 27 mai.

1241
Acquisition de reliques de la Passion du Christ.

1244
Louis IX prend le château de Montségur et envoie au bûcher les derniers cathares.

1248
Inauguration et consécration de la Sainte-Chapelle, le 26 avril.

1248
Septième croisade : le r
et ses troupe
embarquent
Aigues-Morte
le 28 août.

1254
Proclamation de l'ordonnance judiciaire.

1257
Fondation du collège de la Sorbonne.

1259
Le traité de Paris, signé par Louis IX et Henri III d'Angleterre, rétablit la paix.

1269
Louis IX impose aux juifs le port de la rouelle.

1270
Huitième croisade : Louis IX et ses soldats partent pour Tunis le 1er juillet.

1270
Mort de Louis IX du typhus à Tunis, le 25 août.

1297
Canonisation de Louis IX par le pape le 11 août. Il devient Saint Louis.

1300

Les portraits

Blanche de Castille

(1188-1252)

La mère du futur Louis IX est une femme de caractère et très pieuse. C'est elle qui dirige le royaume lorsque son fils est trop jeune pour régner ou pendant qu'il est parti en croisade.

Marguerite de Provence

(1221-1295)

Elle épouse Louis IX le 27 mai 1234 et lui restera fidèle toute sa vie. Elle l'accompagne à la septième croisade en Égypte où elle accouchera de trois de leurs onze enfants.

Robert de Sorbon

(1201-1264)

Théologien réputé, chapelain du roi Louis IX, il fonde vers 1257 un collège pour les étudiants pauvres et lui donne son nom : la Sorbonne, qui devient l'une des plus grandes universités au monde.

Charles d'Anjou

(1227-1285)

C'est le plus jeune frère de Louis IX. Il l'accompagne à la septième croisade. Ce prince ambitieux réussit à devenir roi de Sicile, roi de Naples et roi de Jérusalem.

François Ier

1494-1547

Un fabuleux destin

Un jour, un devin aurait dit à Louise de Savoie : « Vous aurez un fils et ce fils sera roi. » Quand elle donne naissance à François, le 12 septembre 1494, elle commence à s'interroger... Pourtant, même s'il fait partie de la famille royale, son fils n'est pas un héritier direct ! François grandit au château d'Amboise, où il pratique le tir à l'arc, la chasse et les tournois de chevalerie. En 1515, le roi de France Louis XII meurt sans laisser d'héritier. Comme François est un proche cousin, il monte sur le trône et se fait désormais appeler François Ier. La prédiction du devin s'est accomplie !

1494 - 1515

Une Europe divisée

À cette époque, trois puissances règnent sur l'Europe. Le royaume d'Angleterre est dirigé par Henri VIII, un roi colérique et imprévisible. L'empire des Habsbourg, lui, se trouve sous l'influence de Charles Quint, un fin politicien qui rêve d'un empire chrétien qui unirait toute l'Europe ! François Ier, pour sa part, souhaite poursuivre les conquêtes italiennes commencées par les précédents rois de France. Et son premier objectif est de conquérir le duché de Milan, au nord de l'Italie...

1515

Henri VIII
François Ier
Charles Quint

La bataille de Marignan

François Ier franchit les Alpes à la tête d'une armée de plus de 30 000 hommes. Face à lui se dressent les mercenaires suisses, jugés invincibles. Les Suisses défendent le duché de Milan, mais le 14 septembre 1515, à Marignan, ils sont écrasés par les Français et leur puissante artillerie. Pour la première fois, l'utilisation des canons permet d'assurer la victoire. Quel succès pour François Ier ! Sur le champ de bataille, Bayard, le « chevalier sans peur et sans reproche », adoube le roi.

1515

Léonard de Vinci

Si François Ier est un roi guerrier, c'est aussi un amoureux des arts et des lettres. Et il apprécie tout particulièrement les œuvres de Léonard de Vinci, si bien qu'en 1516, il invite l'artiste italien à Amboise. Les deux hommes s'entendent à merveille ! Le peintre, séduit par la cour de France, s'installe au Clos Lucé et décide de finir sa vie sur les bords paisibles de la Loire. Lorsque l'artiste s'éteint en mai 1519, le roi est bouleversé. C'est grâce à cette belle amitié que la France a aujourd'hui la chance de détenir le tableau de *La Joconde*.

1516 - 1519

Le concordat

Depuis le début du XVe siècle, l'Église dispose d'une grande autonomie. Un système d'élection permet aux prêtres d'élire les évêques. Mais en 1516, François Ier décide de mettre un terme à ce privilège, il veut pouvoir désigner lui-même les responsables de l'Église. Il signe alors un concordat avec le pape Léon X, le lui permettant. Le parlement de Paris trouve cette décision injuste et refuse de donner son accord. Le roi entre dans une colère noire et finit par imposer ses volontés.

1516

L'art de la diplomatie

François Ier tente à plusieurs reprises de nouer des alliances avec ses rivaux, Henri VIII et Charles Quint. En 1520, pour accueillir Henri VIII, il fait dresser d'immenses tentes de draps d'or doublées de velours bleu : le camp du Drap d'Or. Festins, bals, tournois, tout est fait pour impressionner ses invités et montrer sa puissance. Mais ces tentatives s'avèrent coûteuses et souvent infructueuses, le fort caractère des trois hommes les empêche de se mettre d'accord.

1520

La bataille de Pavie

Bien décidé à étendre son pouvoir en Italie et à concurrencer l'influence de Charles Quint, le roi François Ier assiège Pavie. Le 24 février 1525, il donne l'assaut et oblige les troupes de Charles Quint à battre en retraite. Plein de fougue, il se lance à la poursuite de ses ennemis, mais le reste de l'armée française n'a pas le temps de suivre et il se retrouve encerclé. Contraint de se rendre, il est conduit à Madrid où il est emprisonné. Pour être libéré, François Ier doit céder la Bourgogne à son rival Charles Quint.

1525

La Nouvelle-France

Depuis que Christophe Colomb a mis le pied en Amérique en 1492, les rois européens multiplient les expéditions pour s'emparer des richesses de ce nouveau continent et s'approprier des territoires. Ainsi François Ier envoie Jacques Cartier en Amérique du Nord (actuel Canada). Après un voyage infructueux en 1534, le navigateur repart en 1535... Cette fois-ci, il remonte le fleuve Saint-Laurent et rencontre des Indiens avec qui il noue des relations plutôt cordiales. Ces terres deviennent la Nouvelle-France.

1535

Le château de Chambord

François Ier aime se déplacer dans le royaume suivi de toute sa cour. Et c'est sur les bords de la Loire qu'il prend le plus de plaisir à chasser et à se détendre. En 1519, il choisit Chambord pour se faire construire l'un des plus beaux châteaux de la Renaissance. En 1536, les travaux battent leur plein ! L'édifice se dresse au cœur d'un immense domaine de chasse. Ses 156 mètres de façade, 426 pièces, 77 escaliers, 282 cheminées et 800 chapiteaux sculptés font de ce château l'un des joyaux d'Europe.

1536

L'empreinte d'un grand roi

Pendant plus de 32 ans, François Ier règne sur la France avec autorité et multiplie les réformes : il met en place plusieurs ordonnances pour moderniser le royaume, il impose le français comme langue officielle, il crée l'état civil et il limite les pouvoirs de l'Église. Mais en 1547, à 52 ans, il est gagné par la fièvre. Sentant ses forces l'abandonner, il donne ses recommandations à son fils, futur Henri II. Le nouveau roi aura fort à faire, bientôt des conflits religieux viendront troubler le plus puissant royaume d'Europe.

1547

1490

1494
Naissance de François Ier à Cognac, le 12 septembre.

1514
Mariage de François Ier et Claude de France, duchesse de Bretagne, le 18 mai.

1515
À la mort du roi Louis XII, François Ier monte sur le trône, le 1er janvier.

1515
Couronnement de François Ier à Reims, le 25 janvier.

1515
Bataille de Marignan, François Ier vainc les Suisses, le 14 septembre.

1516
Signature du concordat ave le pape Léon le 18 août.

1516
Invité par François Ier, Léonard de Vinci s'installe en France, au Clos Lucé.

1519
Début de la construction du château de Chambord.

1520
François Ier reçoit le roi d'Angleterre dans un magnifique camp.

1525
Défaite de Pavie. Le roi François Ier est fait prisonnier et envoyé en Espagne.

1526
Signature du traité de Madrid le 14 janvier. Le roi est libéré en échange de la Bourgogne.

1530
Mariage de François Ier et Éléonore de Habsbourg, la sœur de son rival Charles Quint.

1535
Missionné par François Ier, Jacques Cartier arrive au Canada

1539
François Ier fait du français, langue officielle du royaume.

1547
Mort de François Ier à Rambouillet le 31 mars.

1550

Henri VIII

(1491-1547)

Ce roi d'Angleterre a un sacré caractère ! Allié, puis ennemi de François Ier, il rentre dans l'histoire pour avoir eu six épouses différentes, ce qui provoque la colère du pape et pousse Henri à se séparer de l'Église romaine.

Charles Quint

(1500-1558)

Héritier du duché de Bourgogne, il prend finalement la tête du Saint Empire romain germanique. Grand rival de François Ier, il le fait capturer à Pavie et exige une forte rançon pour le libérer.

Léonard de Vinci

(1452-1519)

Né en Italie, ce peintre, sculpteur et inventeur est l'un des plus brillants talents de la Renaissance. Il a peint la célèbre *Joconde*. Installé au Clos Lucé par François Ier en 1516, il y termine sa vie.

Jacques Cartier

(1491-1557)

Né à Saint-Malo, il devient navigateur. En 1534, missionné par François Ier, il effectue sa première expédition en Amérique du Nord. Il permet aux Français de s'établir dans la région qui deviendra le Québec.

Louis XIV

1638-1715

Une naissance tant attendue

Après vingt-trois ans de mariage, le roi Louis XIII et la reine Anne d'Autriche n'ont toujours pas d'enfant. Tu t'en doutes, les Français sont inquiets pour la succession du royaume... Enfin, le 5 septembre 1638, un petit garçon naît au château de Saint-Germain-en-Laye. On le prénomme Louis-Dieudonné, car son arrivée est un miracle ! Des cavaliers vont annoncer la bonne nouvelle à Paris. Et trois jours de fête sont organisés pour célébrer le dauphin, l'héritier du trône. Mais rien n'est encore gagné... Louis, qui a la santé fragile, tombe souvent malade. Alors, tout le monde est aux petits soins pour lui.

1638

Le jeune roi

Louis passe ses premières années au palais du Louvre, où il mène une vie tranquille. Il adore s'amuser avec son petit frère Philippe. Malheureusement, en 1643, son père meurt... Le garçon, qui n'a pas encore 5 ans, devient donc le nouveau roi. Comme il est bien trop jeune pour diriger le pays, c'est sa mère qui va assurer cette tâche jusqu'à sa majorité. C'est ce qu'on appelle la régence. Elle est aidée par le cardinal Mazarin, qui jouera un rôle important dans l'éducation du jeune roi. Cette année-là, toute la famille déménage au Palais-Royal, où se dérouleront bientôt de terribles événements...

1643

La Fronde

À cette époque, la France est en conflit avec l'Espagne. Puisque faire la guerre coûte cher, la reine et Mazarin augmentent les impôts en 1648. Mais cela ne plaît pas du tout aux nobles et au peuple, qui se révoltent et montent des barricades près du Palais-Royal. La famille royale a peur… Alors dans la nuit du 5 au 6 janvier 1649, elle fuit la capitale et trouve refuge à Saint-Germain-en-Laye. Les contestations vont durer plusieurs années… Il faut attendre 1652 pour que Louis, en âge de gouverner, rentre à Paris et mette fin à la Fronde l'année suivante. Le jeune roi se souviendra toute sa vie de cette période difficile, tu vas voir…

1648 - 1653

Le roi au pouvoir

Louis, qui a pris le nom de Louis XIV, est sacré le 7 juin 1654 dans la cathédrale de Reims. À la mort de Mazarin en 1661, il choisit de gouverner seul, sans l'appui d'un Premier ministre, ce qui est tout à fait inhabituel ! Puis, il met en place sa politique de contrôle de la noblesse en faisant arrêter son surintendant des Finances, Nicolas Fouquet, qu'il accuse de détourner l'argent du royaume. Ce dernier avait organisé une grande fête dans son château de Vaux-le-Vicomte. Le roi, humilié et jaloux de tant de richesses, charge d'Artagnan, le chef des mousquetaires, de l'emprisonner.

1661

Le château de Versailles

Louis XIV veut lui aussi un château pour montrer sa puissance… Mais hors de Paris ! Alors, toujours en 1661, il ordonne la transformation du pavillon de chasse de Versailles en demeure royale. Il fait appel à trois spécialistes : l'architecte Louis Le Vau s'occupe des plans, le jardinier André Le Nôtre des jardins, le peintre Charles Le Brun de la décoration intérieure. En 1664, il y donne sa première fête, les Plaisirs de l'île enchantée… Durant une semaine, les festivités ravissent les invités ! Aujourd'hui, tu peux admirer les Grandes Eaux qui se déroulent dans le parc l'été, c'est magnifique !

1661

Le protecteur des artistes

Louis XIV est un grand amateur de fêtes et de spectacles. D'ailleurs, depuis sa jeunesse, il adore monter sur scène. Imagine-le en danseur étoile, spécialiste du menuet ! En 1661, il crée l'Académie royale de danse, puis fait du musicien Jean-Baptiste Lully son surintendant de la musique du roi. En 1664, il nomme le célèbre comédien et dramaturge Molière responsable des divertissements de la Cour. Tout au long de son règne, Louis XIV protège les artistes. C'est une véritable période de gloire pour la langue, la culture et l'art français.

1664

Au Conseil des ministres

Si Louis XIV aime beaucoup s'amuser, il lui faut aussi travailler ! Il passe plusieurs heures par jour à son bureau. Mais c'est difficile de tout gérer seul, alors il s'entoure de personnalités qu'il a choisies pour leur intelligence et, surtout, leur obéissance. Le marquis de Louvois est chargé de la Guerre et de la Défense, un poste important. Et, dès 1665, Jean-Baptiste Colbert est nommé contrôleur général des Finances. Chaque semaine, pendant le Conseil, le roi écoute ses ministres, leur pose des questions, mais il veut prendre les décisions par lui-même et rester le seul maître...

1665

Chef de guerre

Et il veut aussi être le seul maître sur le champ de bataille, car Louis XIV est un roi guerrier. De 1667 à 1713, il va mener cinq guerres, l'opposant aux pays voisins. Elles contribuent au prestige de la monarchie française, mais, surtout, au sien : il se fait représenter en chef de guerre sur des peintures et des tapisseries. Il fait même peindre sur les talons de ses chaussures, pouvant mesurer 12 cm de haut, des scènes de bataille miniatures ! Mais ces guerres sont très coûteuses en argent et en vies humaines... Alors, en 1670, Louis XIV fait bâtir l'hôtel des Invalides, à Paris, pour accueillir les soldats blessés.

1667 - 1713

La vie à la Cour

Qu'il soit sur un champ de bataille ou au château de Versailles, où il s'installe en 1682, Louis XIV adore être le centre de l'attention… Il mérite bien son surnom de « Roi-Soleil », tu ne trouves pas ? Son lever, ses repas, ses promenades et son coucher sont codifiés et mis en scène, comme une pièce de théâtre ! Autour de lui, la Cour doit suivre des règles strictes : c'est ce qu'on appelle l'étiquette. Les courtisans doivent faire attention aux moindres de leurs gestes, et ce n'est pas toujours facile. Heureusement, il y a des divertissements : des bals, des parties de jeu de paume, des chasses à courre…

1682

La mort du roi

C'est à son retour de chasse que Louis XIV ressent un jour une terrible douleur... Malade, il meurt le 1er septembre 1715 dans son château bien-aimé, entouré par de nombreux courtisans. Le Roi-Soleil s'éteint après 72 ans de règne, le plus long de l'histoire de France ! Même si la fin de sa vie est marquée par des défaites militaires, une situation économique difficile et deux famines, grâce à lui le royaume rayonne en Europe. La France brille par sa culture et est connue partout pour son art. Son arrière-petit-fils, Louis XV, monte alors sur le trône... Et lui aussi a tout juste 5 ans !

1715

1630

1638
Louis naît à Saint-Germain-en-Laye, le 5 septembre.

1643
Mort de Louis XIII, le 14 mai. Le jeune Louis devient roi.

1648
Début de la Fronde, le peuple se révolte contre la famille royale.

1651
Fin de la régence, Louis est en âge de gouverner.

1654
Louis XIV est sacré dans la cathédrale de Reims, le 7 juin.

1660
Il épouse Marie-Thérèse d'Autriche à Saint-Jean-de-Luz, le 9 juin.

1661
Arrestation de Nicolas Fouquet par d'Artagnan.

1661
Début de la construction du château de Versailles.

1664
Molière est nommé responsable d divertissemen de la Cour.

1670
Construction e l'hôtel royal des Invalides our accueillir les soldats blessés.

1682
Le roi et sa Cour s'installent à Versailles.

1683
Louis XIV épouse secrètement Madame de Maintenon, sa favorite.

1685
Louis XIV met fin à l'édit de Nantes, qui autorisait le protestantisme.

1693
La France est frappée par une grande famine. Une autre surviendra en 1709.

1715
Louis XIV meurt à Versailles, le 1er septembre.

1720

Jules Mazarin

(1602-1661)

Cardinal au service du pape, il devient le Premier ministre de Louis XIII. Puis il assure la régence auprès d'Anne d'Autriche, apprenant à Louis XIV le métier de roi. Mal-aimé des Français, il doit faire face à une violente révolte, la Fronde.

Jean-Baptiste Lully

(1632-1687)

Venu d'Italie, ce violoniste et compositeur est nommé surintendant de la musique du roi en 1661. On lui doit treize comédies-ballets, écrites avec Molière, et des tragédies. Il invente aussi l'opéra à la française.

Nicolas Fouquet

(1615-1680)

Surintendant des Finances de Louis XIV, cet homme très riche possède le superbe château de Vaux-le-Vicomte. Arrêté en 1661 pour malversation financière par le roi, il restera prisonnier jusqu'à sa mort.

Marie-Thérèse d'Autriche

(1638-1683)

Fille du roi d'Espagne, elle épouse Louis XIV en 1660 et devient reine de France. Elle lui donne six enfants. À la Cour, elle mène une vie effacée, préférant rester avec ses amies, à boire du chocolat !

D'autres rois de France

Hugues Ier

(vers 940-996)

Pour éviter les querelles de successions, celui qu'on appelle Hugues « Capet » associe, de son vivant, son fils aîné au trône, créant une nouvelle dynastie : les Capétiens. Il instaure aussi l'usage de l'ancien français.

Philippe II

(1165-1223)

Celui qu'on appelle Philippe Auguste est un roi populaire. Considéré comme l'inventeur de la « nation française », il agrandit et réforme le royaume. Il s'engage pour la troisième croisade avec Richard Cœur de Lion.

Henri IV

(1553-1610)

Henri IV crée la dynastie des Bourbons. Il fait beaucoup pour le royaume : il l'agrandit, le modernise en développant l'agriculture et l'industrie, et le pacifie. En signant l'édit de Nantes, il met fin à 40 ans de guerres de Religion.

Louis XVI

(1754-1793)

Quand Louis XVI accède au trône, le pays est dans un désastre financier. Des révoltes éclatent, mais il est incapable de réformer le pays. Le peuple gronde et attaque la Bastille le 14 juillet 1789, c'est la Révolution !

Les attributs royaux

La couronne

Signe le plus représentatif de la monarchie, la couronne des rois de France est fermée : elle encercle la tête, à l'inverse des diadèmes. Seule celle de Louis XV a survécu aux destructions de la Révolution. Elle est superbe avec ses joyaux !

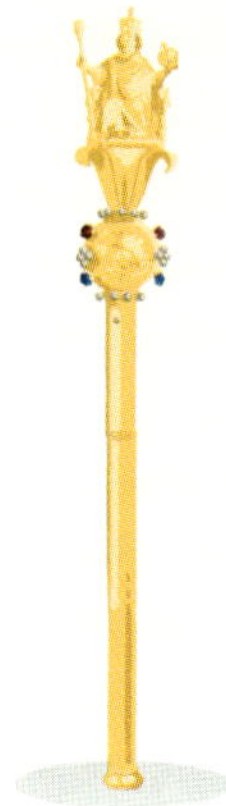

Le sceptre

Le roi le reçoit lors de son sacre. Symbole du pouvoir, il peut être surmonté d'une croix, d'une couronne ou d'une fleur de lys. Le sceptre le plus connu est celui de Charles V, coiffé d'une statue de Charlemagne en or, que les rois se sont transmis au fil du temps.

La main de justice

Cet attribut est aussi remis au roi lors de son sacre. Comme son nom l'indique, cet objet signifie que le roi peut rendre la justice. Trois doigts sont ouverts et chacun a sa signification : le pouce représente le roi ; l'index, la raison ; le majeur, la charité.

La fleur de lys

C'est le roi Louis VII au XIIe siècle qui en fait un symbole de la royauté. On la retrouve partout : sur les boucliers, les étendards, les armoiries, les capes royales... La fleur de lys peut aussi indiquer l'alliance entre l'Église et la monarchie.

Soissons

(486)

Clovis veut étendre son territoire vers le sud-ouest. Il s'allie avec d'autres chefs francs et attaque le royaume du général romain Syagrius à Soissons. Après la victoire, le roi fait tuer les chefs francs qui n'ont pas voulu l'aider...

Roncevaux

(778)

En août 778, le roi Charles Ier, futur Charlemagne, rentre d'Espagne quand son armée est attaquée par surprise par des guerriers basques, dans les Pyrénées. Le chevalier Roland s'est battu courageusement, en vain...

Marignan

(1515)

Le roi François Ier rêve de conquérir le duché de Milan, en Italie. Quelques mois après son sacre, il franchit les Alpes à la tête d'une armée de plus de 30 000 hommes. À Marignan, en 1515, il remporte une victoire décisive !

Malplaquet

(1709)

À Malplaquet, en pleine guerre de Succession d'Espagne, les forces autrichiennes et hollandaises dirigées par le duc de Marlborough et le prince Eugène de Savoie abandonnent face aux armées de Louis XIV.

- Collection -
PERSONNAGES

Complétez votre collection sur

www.quellehistoire.com